.16612.

A.

ESSAI
SUR LA VIE
ET SUR LES TABLEAUX
DU POUSSIN.

Par le C^{en} CAMBRY,

DE L'ACADÉMIE DES ANTIQUAIRES
DE CORTONE.

A PARIS,

DE L'IMPRIMERIE DE P. DIDOT L'AINÉ.

AN VII.

PRÉFACE.

Quelques personnes ont demandé mon Essai sur le *Poussin*. Il parut en 1783... Je suis obligé d'emprunter l'exemplaire qui sert à sa réimpression.

Quand je fis cet ouvrage, j'avois une profonde estime pour le grand homme que j'essayois de faire connoître; mais il n'étoit pas encore dans mon esprit au degré de supériorité où mes voyages l'ont placé. Je n'avois pas vu la totalité des tableaux, des dessins, des gravures, des esquisses, que j'ai depuis examinés; je n'aurois pu prononcer avec sécurité ce que j'avance avec conviction, qu'aucun peintre n'eut des conceptions aussi sublimes, aussi grandes, aussi poétiques sur-tout, que ce grand maître.

Un fait peut contribuer à démontrer cette assertion. J'avois le projet de donner cent morceaux de l'espèce de ceux que j'ai décrits dans cet essai; tous les tableaux de l'Italie, de l'Angleterre, etc... Toutes les estampes, toutes les esquisses de la France, de Naples, de Florence, n'ont pu me fournir, je ne dis pas la quantité de morceaux que je cherchois, mais vingt, mais dix, qui pussent être placés dans la galerie du Poussin.

L'*Ecole d'Athenes* est sans doute un chef-d'œuvre de disposition, d'expression, de dessin; mais quelle unité d'action réunit tant de personnages? que résulte-t-il de cet ensemble incohérent de philosophes de tous les âges?

Que dit aux yeux d'un homme peu versé dans la théologie cette troupe de papes, de prélats réunis près d'une hostie placée dans un vaste soleil de métal?

Les trois actions, les trois théâtres de la *Transfiguration*... ce vilain petit possédé contrastant avec un demi-dieu qui s'éleve dans les nuages..., arrachant les apôtres à l'extase qu'ils devoient éprouver comme témoins du plus grand des mystères, n'offrent aux spectateurs que des incertitudes et des inconvenances.

Dans les *Noces de Psyché*, Jupiter

a la majesté du dieu des dieux ; Neptune, l'attitude et le sourcil du dominateur de l'océan...; Pluton, l'air refrogné du dieu des Ombres...; rien de modeste et d'élancé comme Psyché, d'ardent comme l'Amour..... Tous ces êtres sont placés dans un espace qu'ils remplissent; mais que dit au cœur, à l'esprit, à l'imagination même, cet assemblage?

Parlerai-je des conceptions extravagantes de *Rubens*, de ses éternelles allégories, du soleil à figure humaine, traversant sur un char les signes du zodiaque à côté d'un évènement historique; de la naissance de Louis XIII?

Le *Tintoret*, entraîné par sa fougue, *Paul Véronèse*, par son insouciance, *Jordaens*, par la facilité de son pinceau et le burlesque de ses idées, ont commis des anachronismes, des fautes impardonnables.

Un tableau parfaitement dessiné, peint avec supériorité, du coloris le plus brillant, n'est qu'une exposition de personnages quand une action une et poétique ne réunit pas, n'anime pas les êtres qui le composent..... On peut décrire le mouvement, la physionomie, l'attitude de chaque personnage placé dans les compositions des plus grands maîtres, admirer le clair-obscur, le beau idéal, la disposition des groupes de leurs ouvrages; mais rarement, saisis d'une grande idée, ils font tout concourir à la développer, à pénétrer l'observateur d'un sentiment profond ou d'une exaltation sublime, comme le Poussin.

C'est, à mon avis, ce qui lui donne une supériorité réelle sur les peintres les plus célebres, et ce qui m'engage à réimprimer un travail utile peut-être en ce moment où la France entiere vient admirer les chefs-d'œuvre de l'Italie. Il faut préserver d'un enthousiasme aveugle, ou d'un découragement dangereux, les élèves qui, trompés par des éloges répétés pendant trois cents ans, et par une exaltation très excusable cependant, croient qu'on ne peut égaler les Raphaël, les Carrache, etc. qu'en vivant sous le ciel heureux qui les vit naître.

Un juste pressentiment m'annonce qu'un jour le François, libre, débarrassé du joug de l'opinion ultramontaine, de celle des peintres voyageurs, des amateurs aveuglés et crédules, égalera, surpassera les grands maîtres de l'Italie. Le Sueur et Lebrun pourroient déterminer à le penser... Le Poussin le démontre.

Ne prenez pas cette assertion pour l'engouement d'un novice; j'ai vu cent mille tableaux depuis 1783, et je n'ai pas changé d'avis.

Des obstacles réels, actifs, des obstacles d'imprévoyance, nuisent aux progrès des arts en France.

L'opinion n'est pas assez formée sur leur utilité, sur leur nécessité; des idées parcimonieuses nuisent encore à leurs développements; le sentiment des arts n'a pas reçu par les observations du cabinet, par les discussions des cercles, par une impulsion générale enfin, l'étendue, la vivacité, la profondeur qu'un jour il doit avoir.

Pas un professeur, pas une conférence,

pas un bon livre, ne répandent les idées, les principes qui les feroient valoir; nos galeries sont expliquées au peuple par de simples gardiens, qui mêlent, confondent les noms, l'histoire et des peintres et des tableaux, et qui propagent des erreurs qu'il est presque impossible de détruire.

Les ouvrages élémentaires qu'on pourroit consulter en France sur la peinture sont d'une foiblesse (comme ceux de Félibien), d'une sécheresse (comme ceux de de Piles), qui nuisent au génie... Arnaud, Vatelet, Lemierre, ont écrit plutôt en hommes d'esprit qu'en hommes pénétrés de la grandeur de l'art qu'ils avoient examiné. Les dissertations de l'académie de peinture n'offrent que des détails d'artistes ou des observations souvent minutieuses.

Les livres élémentaires deviennent plus nécessaires que jamais; mais le peintre écrit peu, et l'homme de lettres connoît très rarement les principes et la pratique de l'art.

On trouva très heureux autrefois un projet que les circonstances m'ont empéché d'exécuter. Je voulois donner la vie de douze peintres, et méler les préceptes de l'art et les descriptions de leurs tableaux au récit de leur vie particulière. La règle ainsi voilée eût produit plus d'effet ; elle eût perdu la sécheresse et le ton doctoral dont elle a peine à se débarrasser : j'aurois traité du coloris en parlant du Titien, du dessin à l'article de Raphaël, de la partie poétique des tableaux en retouchant mon Essai sur le Poussin. D'Alembert, Le B...., Condorcet, me pressèrent vivement de réaliser ce plan auquel ils applaudirent. Je ne l'ai pas entièrement abandonné.

Les chefs-d'œuvre de l'Étrurie, de l'ancienne Grèce et de l'Italie, forment à Paris le plus riche Muséum qu'aient possédé les modernes. Le palais des Césars, le palais doré de Néron, la vigne d'Adrien, les thermes de Dioclétien, de Caracalla, renfermoient des statues de marbre, de bronze, de basalte, de granit, de porphyre ; en plus grande quantité , plus parfaites que celles qui nous sont acquises par nos conquêtes ; mais je doute qu'ils fussent aussi riches en tableaux. Les écoles des quatorzième et quinzième siècles ont produit une si grande quantité de merveilles , les arts analogues à la peinture se sont tellement perfectionnés , qu'on seroit tenté de prononcer en faveur des peintres modernes contre ceux de l'antiquité. Les descriptions de Pausanias, de Pline , de Philostrate , le riche cabinet de Portici , ne fourniroient pas un argument positif contre l'être assez téméraire pour proférer ce hardi jugement.

Les galeries de Dresde , de Dusseldorf, les tableaux de Vienne , tous les cabinets de la Hollande , de la Flandre , de l'Angleterre , Naples , Florence , Gênes , Venise et Rome réunis , ne pourroient à présent former une galerie comparable à celle que nous possédons.

Nos richesses sont immenses ; mais malheureusement les grandes compositions de la Flandre et de l'Italie sont placées dans un local qui n'a pas l'élévation et la longueur nécessaires pour qu'on les examine à la distance pour laquelle ils ont été faits.

Elles sont placées dans un jour défavorable.

Leurs défauts, leurs perfections même, nuisent à l'effet qu'elles pourroient produire isolément.

L'historique de tant d'ouvrages n'est pas indiqué, la description n'en est pas faite.

On n'a point arrêté le projet de les faire graver avec le soin, les talents, les dépenses et les dispositions nécessaires pour que le premier Muséum du monde soit multiplié par les meilleurs artistes de l'Europe, et dans une proportion grande qui leur permettroit toute espèce de développement.

On laisse circuler sur les tableaux du Muséum de vieux préjugés, des contes invraisemblables qu'on entend avec humeur se répéter dans tous les grouppes.... Il est temps d'apprécier, de juger avec sévérité les modèles de l'art qui va re-

naître en France, d'éloigner toute erreur
de la tête des jeunes élèves, d'écarter les
récits merveilleux de Vasari, de Misson,
de Félibien.... Que d'ouvrages n'ont de
célébrité que par l'époque de leur naissance, que par l'enthousiasme qu'ils dé-
terminèrent dans un siècle sans lumières !

A l'instant où l'école françoise va nécessairement se réformer et par les principes généraux qu'elle adopte, et par la
présence de tant de chefs-d'œuvre, on
néglige de préparer les enfants à l'initia-
tion qu'ils vont recevoir.

Nous avons un conservatoire de musique, nous n'en avons ni pour la peinture
ni pour la sculpture.

Le peintre doit apprendre dès la plus
tendre enfance à devenir maître de son
pinceau.... Il obtient un prix, passe à
Rome, où nécessairement il doit étudier,
copier les restes précieux de l'antiquité....
Il rentre en France, où la nécessité de
travailler pour vivre dégrade son talent,
qui bientôt doit s'éteindre sous les fleu-
rons et les arabesques des boudoirs. A

quelle époque a-t-il pu se livrer aux études analogues à son art?... Mœurs, histoire, convenances, il ignore tout.... Il est le froid copiste d'un trait pillé ou dans Homère ou dans Virgile, chez Tite-Live ou chez Tacite, sans le remanier, si j'ose me servir de cette expression triviale, sans se l'approprier enfin : de là l'ignorance, hélas! trop commune, qui dégrade, qui tue les plus brillants génies.

Créons donc une école des arts, mais qui ne soit pas seulement une salle de dessin, de charges et de caricatures.... Sans une ame élevée, sans un esprit poli par la fréquentation des hommes, sans de grandes connoissances du monde, de la poésie, de l'histoire, de la morale, un peintre ne sera jamais qu'un être médiocre, que l'instrument qui trace bien ou mal un contour sans esprit et sans graces.

Je vois avec transport arriver une époque où le gouvernement et ses ministres s'occuperont essentiellement de régler les conceptions indigestes qui jusqu'à présent ont conduit les artistes en France. L'argent, les prix, les récompenses, les honneurs même, ne suffiroient pas pour former de grands hommes... Il faut des études préliminaires; il faut, etc... ce qu'on ne peut développer dans une préface.—Mais, hélas! tout seroit perdu, si les beaux arts devenoient un métier, si les récompenses dues au vrai talent se distribuoient comme une solde à tous ceux qui, sans vocation, se dévoueroient à leur service; si cinq ou six artistes en crédit régloient l'opinion, obsédoient les ministres, sortoient du cercle que l'art leur a tracé...; s'ils vouloient tout dominer, s'ils classoient dans leur risible empire, sous le titre si bizarrement employé d'artiste, le poëte, le naturaliste, l'historien, le philosophe, des acteurs, des danseurs, des baladins, etc...; s'ils formoient enfin une détestable corporation vers laquelle tous les êtres médiocres tendent avec un entraînement presque invincible.

ESSAI
SUR LA VIE
ET SUR LES TABLEAUX
DU POUSSIN.

La Normandie peut se glorifier d'avoir fait naître le Poussin, comme elle se vante d'avoir enfanté les Corneille. Elle a donné des rivaux à Sophocle, et des égaux à Raphaël.

Le Poussin naquit à Andely, de parents pauvres, honnêtes, et nobles, en 1594. Je vais donner un précis de sa vie : j'aurai sans cesse sous les yeux le portrait grave et sévère de ce grand homme; il va présider à cet écrit comme celui de Scaliger présidoit aux travaux des critiques de son siècle.

Le Poussin, dès qu'il put tenir un crayon, manifesta son goût pour le dessin; il traçoit sur ses livres tous les objets qui le frappoient. Il fut contrarié; mais Quintin Varin lui trouva tant de facilité, tant de dispositions, qu'il engagea ses parents à ne le plus contraindre, à laisser agir un génie qu'il aida lui-même de ses conseils. A dix-huit ans le Poussin sentit ou la foiblesse de son premier maître, ou le peu de ressource que les talents trouvent en province: il s'échappa, se rendit à Paris. Le hasard lui fit connoître un jeune seigneur du Poitou qui l'accueillit, lui fournit un asyle, et les moyens de se perfectionner dans l'art vers lequel il étoit entraîné.

La peinture en France étoit alors au berceau. Avant François 1er, la profession de peintre n'étoit pas séparée de celle de vitrier; on faisoit de mauvais portraits, on peignoit des vitraux d'église. Enfin maître Roux et le Primatice ornerent Fontainebleau de leurs compositions : l'on vit sortir de leur école Simon le Roy, les Dorigny, Lerambert, Charmoy, Dubreuil; Jean Cousin, homme étonnant dans son siècle,

dont on admire encore et le génie et la facilité ; Freminet, qui, trop séduit par les
tableaux de Michel-Ange, força les attitudes
de ses figures et s'écarta de la belle et simple nature , etc.

. Tels étoient les peintres françois prédé-
cesseurs du Poussin. Il sentit leur insuffi-
sance, secoua le joug que la médiocrité de
Ferdinand Elle, peintre flamand, et de l'Al-
lemand, autre peintre qu'il avoit pris pour
maître, imposoit à son génie, et ne s'at-
tacha plus qu'à copier des dessins et des
estampes de Raphaël et de Jules Romain.
Qu'on imagine la sensation que ces chefs-
d'œuvre produisirent sur un être aussi bien
organisé, et la chaleur qu'il mit à les étudier et à s'en pénétrer. Au milieu de ses
travaux, un ordre rappela son jeune ami
dans le sein de sa famille. Le Poussin l'ac-
compagna dans sa province ; mais les mé-
pris qu'il essuya, l'humiliation d'être traité
comme un premier domestique par la mere
de son protecteur, le déciderent à retour-
ner à Paris. Il fallut travailler sur la route,
peindre pour vivre ; ce fut alors qu'il fit à
Blois deux tableaux pour les capucins. La
position de l'homme influa sur son ou-

vrage ; ces tableaux sont médiocres. Les Bacchanales qu'il fit dans le même temps pour le château de Chiverny sont plus estimées ; on loue la sagesse de cette composition.

Le Poussin arrive enfin à Paris, harassé, fatigué, découragé. Malgré la force de son tempérament, il tombe malade, et ne se rétablit entièrement qu'après un an de séjour chez son père. Son goût pour la peinture n'avoit pas été détruit par cette maladie. On a peu de détails sur plusieurs voyages, sur quelques tableaux qu'il fit en province. Il résolut d'aller à Rome, se rendit à Florence, et par des obstacles dont on ignore la nature fut obligé de revenir en France. Les chefs-d'œuvre de l'Italie l'appeloient avec trop de force pour qu'il abandonnât le projet de les visiter ; il partit de Lyon dans ce dessein ; mais de nouveaux obstacles le rappelerent.

En 1623 les jésuites de Paris célébrèrent la canonisation de saint Ignace et de saint François Xavier. Le Poussin fut chargé de faire en *six* jours *six* tableaux pour cette fête ; il les exécuta. Il fit plusieurs ouvrages pour différents particuliers dans le cours de cette même année, et peignit le trépas de la Vierge pour l'église de Notre-Dame.

A cette époque le Cavalier Marin, qui devina le génie du Poussin, le rechercha, le prit chez lui, lui fit connoître les poëtes italiens et leur génie, l'enflamma du desir de voir Rome, et lui proposa de le mener dans cette ville. Cette proposition avantageuse ne fut pas acceptée, par des raisons qu'on ignore.

Peu de temps après le Poussin força tous les obstacles qui jusqu'alors avoient renversé ses projets; il se rendit à Rome. Le Cavalier Marin le reçut avec transport; mais obligé de partir pour Naples, où bientôt il mourut, il le recommanda à Marcello Sacchetti, qui lui procura la faveur du cardinal Barberini, neveu du pape Urbain VIII. Par une fatalité désespérante, ce nouveau protecteur partit pour ses légations, et laissa le Poussin sans connoissances, sans ressources, sans argent, et ne sachant à qui vendre ses ouvrages. Il n'avoit pas le style qu'on aimoit à Rome; il eut beaucoup de peine à tirer quatorze écus de deux tableaux de batailles qu'il avoit exécutés avec tout le talent qu'il développa dans ses meilleurs ouvrages.

François Duquesnoy, sculpteur savant, *modeloit* alors d'après l'antique, et subsistoit de ce travail pénible. Il logeoit avec le Poussin : une conformité de talents et d'infortune les réunit; ils firent ensemble un métier de manœuvres, sans négliger l'étude de leur art et celle des grands maîtres qu'ils avoient sous les yeux ; semblables à ces jeunes gens qui la nuit fendoient des pierres dans les carrières, et le jour assistoient aux leçons de la philosophie!

Le cardinal Barberini de retour à Rome, le Cavalier del Pozzo, amateur éclairé, savant dans les antiquités, dans les belles-lettres, donnerent enfin aux ouvrages du Poussin l'éclat qu'ils méritoient. Ce dernier lui fit obtenir malgré ses rivaux le privilege d'exécuter le *saint Erasme* qu'on voit à Saint-Pierre, et lui fit faire pour son cabinet l'*apparition de la Vierge à saint Jacques*, la *peste des Philistins*, etc. Le cardinal lui commanda deux tableaux, le *Germanicus mourant*, et la *prise de Jérusalem par Titus*. Ces chefs-d'œuvre décillerent les yeux des Italiens ; dès ce moment on vanta le Poussin comme un des maîtres de son art.

Bientôt sa réputation se répandit en France : une foule de particuliers lui demanderent des tableaux de chevalet, lui donnerent des proportions, des mesures, auxquelles il fut obligé de s'assujettir. M. des Noyers, secrétaire d'état et surintendant des bâtiments du roi, résolut de l'attirer ; il lui fit offrir mille écus d'appointement, un logement au Louvre : ces propositions avantageuses furent rejetées. Le Poussin, heureux alors par sa modération, au milieu des chefs-d'œuvre de l'Italie, ne pouvoit se résoudre à s'en éloigner. Il céda cependant aux instances, aux persécutions de M. de Chanteloup, maître-d'hôtel du roi, qui fit le voyage de Rome exprès pour l'en arracher, et le conduisit à Paris en 1640. Le Poussin fut accueilli par M. des Noyers, embrassé par le cardinal de Riche lieu, qui portoit jusqu'au délire l'amour des grands talents. On l'établit aux Tuileries, où le goût et la générosité avoient rassemblé pour son usage plus de meubles de toute espèce qu'un homme aussi simple, aussi sage, ne pouvoit en desirer. Le

20 mai 1641, le roi le reçut à Saint-Germain, s'entretint long-temps avec lui, le nomma son premier peintre, lui donna mille écus d'appointement, et lui commanda deux grands tableaux, l'un pour la chapelle de Saint-Germain, l'autre pour celle de Fontainebleau. Il s'occupa de ces compositions avec ardeur, fit, par ordre, des frontispices pour les livres qu'on imprimoit à l'imprimerie royale, et disposa des cartons pour la grande galerie du Louvre. Il y vouloit représenter en bas-reliefs, en forme de stuc, une suite des actions d'Hercule.

Le Poussin devoit s'attendre et s'attendoit en effet aux persécutions qu'il essuya; la jalousie, l'envie, la médiocrité, se liguèrent contre lui. On dénigra ses meilleurs ouvrages, et *son superbe tableau de saint Germain*, et celui *des miracles de saint François Xavier au Japon*, et ce qu'il avoit fait pour la galerie du Louvre. On prétendoit que son *Jésus-Christ des jésuites* avoit plus l'air d'un *Jupiter tonnant* que *d'un Dieu de miséricorde;* que son coloris étoit terne, que les contours de ses figures étoient secs et sans esprit. Vouet et ses disciples l'attaquèrent en public et dans les cercles parti-

culiers ; Fouquière, excellent paysagiste,
qui se croyoit en droit d'ordonner seul de
tous les ornements de la galerie du Louvre,
devint son ennemi. L'architecte le Mercier
sur-tout, choqué que le Poussin eût fait
briser des ornements, des compartiments
trop lourds qu'il avoit exécutés dans le
Louvre, cabala contre lui à la tête d'une
troupe de maçons et de manœuvres. Le
Poussin ne céda point aux efforts de ses
adversaires, leur répondit avec force, soutint (ce sont ses expressions) « qu'il n'au-
« roit jamais pu prêter au fils de Dieu un
« visage de torticolis et de père doucet, vu
« qu'étant sur la terre parmi les hommes
« il étoit même difficile de le considérer en
« face ». Il finit cette lettre par ces mots qui
peignent son caractère mâle, incapable de
se prêter aux manœuvres sourdes qui captivent les suffrages et font taire la calomnie :
« J'écris, j'agis pour rendre témoignage à
« la vérité et ne tomber jamais dans la flat-
« terie, qui sont trop opposées pour se ren-
« contrer ensemble. »

Cependant les tracasseries qu'il éprou-
voit, les criailleries qui le troubloient, le
découragèrent : persuadé que la France n'é-

toit pas le pays des beaux arts, qu'on ne sentoit point pour leurs chefs-d'œuvre l'enthousiasme qui transporte les Italiens, il chercha des prétextes pour la quitter: des affaires, l'envie de ramener sa femme, lui en fournirent. Il partit pour Rome vers la fin de septembre 1642, et s'y fixa pour jamais. La mort du cardinal de Richelieu en 1643, celle de Louis XIII cinq mois après, la retraite de M. des Noyers, rompirent tous ses engagements. Qu'on ne récuse pas les motifs de retraite que je prête au Poussin; voici les propres termes d'une de ses lettres : « La négligence et le trop peu d'amour que ceux de notre nation ont pour les belles choses est si grande, qu'à peine sont-elles faites qu'on n'en tient plus compte, mais au contraire on prend souvent plaisir à les détruire. »

Quoi qu'il en soit, ce fut à cette époque que le Poussin commença à jouir d'une certaine aisance et d'une tranquillité philosophique. Louis XIV fit acquitter exactement la pension qui lui avoit été accordée par Louis XIII. En vain M. des Noyers, remis en place, voulut le rappeler en France; son ame sensible et délicate souffroit encore des chagrins que son enfance malheureuse et que la jalousie de ses compatriotes lui avoient fait éprouver dans sa patrie. Il se livra sans relâche aux charmes de sa profession, qui n'étoit plus troublée par les dégoûts de la misere. On vit naître sous son pinceau une multitude de chefs-d'œuvre...... Il fit pour M. de Chanteloup *le ravissement de saint Paul*. Ce petit tableau, qu'on plaça près de la vision d'Ézéchiel par Raphaël, soutint ce voisinage sans rien perdre à la comparaison. Il commença ses *Sacrements* en 1644, et les finit en 1648. Cette sublime composition prouve qu'il n'avoit perdu ni sa force ni sa chaleur. Il écrivoit alors : « Je me sens, en « vieillissant, plus enflammé que jamais du « desir de bien faire..... ». Dans les intervalles de ce dernier travail, il envoya au président de Thou son fameux tableau *du Crucifiement*. Il acheva pour M. Pointel *le Moïse sauvé des eaux*, si bien composé, si sage, et qu'on peut mettre au rang, pour ne pas dire au-dessus, des mille morceaux de différents maîtres qui traitèrent ce beau sujet.

Tant de chefs-d'œuvre, son *Jugement de Salomon*, *la Guérison des aveugles par*

Jésus-Christ près de Jéricho, des *Paysages* du plus grand style, portèrent enfin la gloire du Poussin au plus haut période : mais l'âge, une application trop forte, des fibres trop violemment agitées, lui donnèrent en 1662 des tremblements, des tiraillements qui nuisirent un peu à l'exécution de ses derniers ouvrages, toujours conçus avec le même génie. Il acheva pourtant, en 1664, pour le duc de Richelieu, *les quatre Saisons* qu'il avoit commencées en 1660.

Il mourut en 1665, âgé de soixante et onze ans, et fut enterré dans l'église de Saint-Laurent *in Lucrina* sa paroisse.

Le Poussin étoit d'une taille élevée, d'un fort tempérament ; son port étoit plein de noblesse, sa physionomie imposante et sévère ; son œil étoit vif et perçant. Son caractère indépendant, son ame nourrie de ce que la morale offre de plus grand, de ce que l'imagination des poëtes enfante de plus sublime, influoient sur son extérieur : simple et modeste, il écrivoit : « J'ai honte de « me voir placé avec des hommes dont le « mérite et la vertu est au-dessus de moi « plus que l'étoile de Saturne n'est au-dessus

« de notre tête ». Son style, sa conversation étoient figurés, poétiques : *Raphaël est un ange, comparé aux modernes*, disoit-il; *c'est un âne auprès des anciens.*

« Il faut qu'un peintre, écrit-il dans une
« lettre, commence par la disposition, puis
« par l'ornement, le décorum, la beauté,
« la grace, la vivacité, le costume, la vrai-
« semblance, et *le jugement par-tout :* ces
« dernières parties sont du peintre et ne
« peuvent s'enseigner ; c'est le rameau d'or
« de Virgile, que nul ne peut trouver ni
« cueillir s'il n'est conduit par le destin. »

Rien n'égala sa délicatesse et la simplicité de ses mœurs: il reçut cent écus pour son *Enlèvement de saint Paul;* il en renvoya la moitié, et répéta ce trait de désintéressement. Sa fortune quand il mourut n'étoit pas de vingt mille écus. Le cardinal Massimi, qu'il reconduisoit une lampe à la main, lui reprocha de ne pas avoir un valet pour le servir. « Je vous plains bien davan-
« tage, monseigneur, d'en avoir tant », lui répondit il. Sa femme, sœur du Guaspre, avec laquelle il vécut dans la plus parfaite intelligence, mourut peu de temps avant

lui, et ne lui laissa pas d'enfants. Il l'avoit épousée par reconnoissance des soins qu'elle et sa famille avoient eus de lui dans une forte maladie.

L'amitié du Cavalier Marin, les études que le Poussin fit dans le riche cabinet du Cavalier del Pozzo, les hommes célèbres qu'il fréquenta, ses études en tout genre, donnèrent à sa conversation cette noblesse, cette abondance qui le faisoit écouter du peu d'amis qu'il admettoit à ses promenades ou dans son attelier. Les grands le recherchèrent : il les vit sans transport et sans trouble ; il les étonnoit par la force de ses discours, par la beauté de ses pensées ; et son génie recevoit d'eux l'hommage qu'il rendoit à l'éclat de leur rang.

Raphaël et Jules Romain furent ses premiers modèles. Les couleurs du Titien le séduisirent ; il en trouva la magie dangereuse, et craignit de négliger le dessin. « Le « charme de l'un, disoit-il, pourroit faire « oublier la nécessité de l'autre ». Il admira sur-tout les tableaux du Dominicain, mais ne s'asservit à la manière d'aucun peintre. Personne ne connut mieux que lui le *beau idéal :* persuadé qu'il ne se trouve que chez

les anciens, il étudioit leurs moindres compositions, modeloit, dessinoit leurs ouvrages.

Le plus beau corps d'homme ou de femme
n'offre en effet que de belles parties. Quel
être pourroit soutenir l'approche de la Vénus
de Médicis, de l'Apollon du Belvédère. Ras-
semblez vingt modèles, choisissez les formes
de chaque être qui conviendront à votre
idée; pourrez-vous, quel que soit votre talent, combiner avec justesse leurs proportions nécessairement différentes? Ce procédé qu'on prête aux anciens ne réussit
certainement pas au premier peintre qui
l'employa. Le *beau idéal* ne fut fixé qu'a-
près mille tentatives de ce genre; comme
notre poésie ne fut ce qu'elle est dans Racine
qu'après avoir été purifiée par Villon, Marot,
Malherbe et Corneille, et Boileau. Quelques
études qu'eussent faites le Poussin, Raphaël,
même d'après la nature, sans les monuments
grecs, j'ose le dire, ils n'eussent pu parvenir
au degré de perfection qu'ils leur doivent.
Qu'on en juge par les Flamands: la peinture chez eux est au moins aussi vieille
qu'en Italie; et quels dégoûts leurs tableaux
ne causent-ils pas aux vrais amateurs du

beau idéal ! (je ne parle ici ni des marines ni des paysages.) Ils le dédaignent, vous dit-on ; c'est la nature qu'ils aiment, c'est la nature qu'ils copient, c'est la nature qu'on voit dans leurs ouvrages. Eh! que m'importe dans un tableau la réunion de vingt têtes communes dont je ne connois pas les originaux? c'est un beau caractère, une grande expression que je desire ; c'est la finesse, la gravité, la majesté d'une tête, que je recherche. Je n'aime point la lance d'Achille dans la main d'un nain décharné, quoique souvent la force s'unisse à la maigreur, à la petitesse de la taille. Je ne veux point que *Laure* soit laide si l'on me peint Pétrarque soupirant à ses pieds, quoiqu'elle le fût en effet. La postérité, qui ne connoît les grands hommes que par les faits qui sont dignes d'elle, dont l'imagination s'exalte, s'agrandit, s'embellit, en songeant aux Scipion, aux César, aux Brutus, est blessée de leur voir des formes flamandes, et choquée quand on leur prête l'attitude et l'action d'un bourguemestre hollandois. On ne doit rendre certaines difformités que quand elles sont consacrées par l'histoire ou par la sculpture.

Il seroit ridicule de prêter à Ésope les formes d'Antinoüs, de donner six pieds à Alexandre, et difficile de ne pas priver d'un œil Philippe, si le peintre le montroit en face.

Cette discussion m'entraîneroit trop loin; revenons à notre sujet, et continuons, s'il est possible, à faire connoître l'esprit et le caractère du grand homme dont j'ose esquisser le portrait.

Les études du Poussin avoient été celles de tout homme qui veut devenir un grand peintre : il avoit appris la géométrie, l'architecture; il possédoit l'optique, la perspective, et l'anatomie. Les écrits d'Albert Dure, du savant Léonard de Vinci, le traité de la peinture de Léon-Baptiste Albert, l'avoient aidé dans ses recherches. Il se pénétroit de la lecture des poëtes; étudioit les grands peintres, sans les copier; dessinoit peu d'après nature; modeloit en cire les figures qu'il devoit exécuter, les posoit, les grouppoit comme elles devoient l'être dans son tableau; connoissoit ainsi les beaux effets de lumière qu'on voit dans ses compositions; et saisissant leur jeu réel, il n'étoit pas obligé, comme tant d'autres, de for-

cer les oppositions du blanc et du noir pour
faire ressortir ses figures , fuir ses fonds, et
contraster ses masses.

Si quelque objet digne de son pinceau le
frappoit, il le rendoit sur ses cartons , au
milieu même d'une place publique. Il fuyoit
le monde , erroit en observateur dans les
vignes des environs de Rome , se pénétroit
des grands mouvements de la nature. Je l'ai
supposé quelquefois dans la position qu'il
prête à saint Jean l'évangéliste : il le place
au milieu d'un paysage sauvage et pitto-
resque, entouré d'obélisques , de colonnes
brisées que du lierre et des ronces enve-
loppent; des montagnes, des lacs , les ruines
d'une ville , des arbres pleins de force et
de vigueur , une nature active, féconde,
parent le fond de son tableau: saint Jean
médite en silence sur le grand spectacle qui
l'entoure; ses pensées sublimes s'élèvent;
la parole de Dieu se fait entendre; plein
d'amour, d'enthousiasme, de respect, il la
transcrit sur ses tablettes; et la vérité, ca-
chée jusqu'alors dans le sein de Dieu, vient
enfin éclairer le monde.

Le Poussin n'a traité que des sujets grands,
nobles , ingénieux; une idée basse ou gros-

sière ne souilla jamais la pureté de ses conceptions. Qui s'asservit plus aux convenances,
qui connut mieux que lui le costume, qui
sut le rendre avec plus d'exactitude dans les
habits, les temps et les climats? Quelle or-
donnance, quelle sagesse dans ses tableaux!
quelle unité dans son sujet! quelle liaison
entre ses grouppes! Il ne prodigue pas, à la
moderne, les richesses de son porte-feuille:
s'il place des ornements, c'est avec réserve;
on n'y voit point, comme dans les compositions de ce siècle, des vases antiques, des
bustes, des statues tronquées, des tambou-
rins, des masques, des guirlandes, et ce tas
d'ornements, indices de la pauvreté de l'i-
magination de celui qui les entasse; prodi-
galité d'un avare qui vous offre dans un
repas tout ce qu'il doit vous donner dans
la vie.

Malgré sa fécondité, la profonde connois-
sance qu'il avoit de l'anatomie, il ne prête
pas à ses figures des attitudes forcées, comme
Michel-Ange et le Carrache; fécond comme
Rubens, il évite les incorrections de ses dessins et de ses compositions; savant comme
le Brun, il n'est pas froid comme ce peintre.

Il connut mieux que personne les bornes

3

de son art, et les passa rarement: s'il réunit quelquefois dans un même champ des hommes et des dieux, des êtres imaginaires et des êtres matériels, c'est un défaut dont aucun peintre ne s'est garanti. On sera peut-être surpris de cette observation; mais qu'on y réfléchisse. Un homme ami des convenances, connoissant les idées du peuple éclairé pour lequel il compose, peut-il choquer ses yeux et son imagination, et les blesser sans ménagement? Qui peut souffrir un dieu porté par des anges, errant sur des nuages, et travaillant à force de bras à débrouiller le chaos; un dieu qui, suivant nos idées, créa d'un seul mot l'univers? Qui peut voir le soleil, distinguer ses traits, les heures qui le suivent, l'aurore qui le précède, *quand il n'est qu'épisodique dans un tableau?*

Quand par sa propre force Jésus-Christ sort du tombeau, quand les gardes sont renversés, quand tout annonce sa puissance, ces anges assis sur la pierre du tombeau, souriant de la terreur des soldats, me paroissent au moins *inutiles* dans un superbe tableau de Raphaël. Apollon presse amoureusement Daphné qui se change en laurier; sa passion est assez marquée dans son action et dans ses yeux : je souffre de voir un froid enfant lui dardant une flèche amoureuse.

Si la peinture ne peut exprimer certaines positions, certains effets, qu'elle les néglige et les laisse à la poésie : ne passons pas les limites des arts, il est des bornes que le goût prescrit. La peinture parle principalement aux yeux ; la poésie parle à l'imagination.

Il est de ces objets qu'un art industrieux
Sait offrir à l'oreille, et reculer des yeux.

La peinture a quelque chose de vague, d'indéterminé, dont il ne faut pas augmenter l'obscurité par une multiplication de rapports trop subtils : elle doit se borner à nous offrir un fait simple, à rendre avec expression les différents effets que ce fait unique produit sur ses acteurs ; elle doit exciter une sensation première de terreur ou de pitié, de plaisir ou de gaieté, sans, pour ainsi dire, que la réflexion s'en mêle. La preuve de cette assertion est l'effet subit qu'un beau tableau produit sur le bas peuple, qui réfléchit peu. Les épisodes doivent être ménagés avec la plus grande réserve. Les dieux, quelque légers que les peintres les fassent, sont toujours grossiers et pesants quand on les rapproche des hommes d'une classe supérieure, dont on ne peut *matérialiser* les formes pour *subtiliser* davantage celles des êtres intellectuels. Mettez l'*Antinoüs* à côté de l'*Apollon* du Belvédère, *Hélène* à côté de *Vénus*, et vous verrez si la différence des natures est assez marquée pour qu'elle puisse contenter l'imagination.

Je sais que l'éclat d'*une Gloire* jette un beau jour sur un tableau; qu'il adoucit les teintes trop fortes qu'on est souvent obligé d'employer pour l'expression, pour l'effet du clair-obscur : mais il choque ma raison; il nuit à l'intérêt, à l'ame, à l'unité du sujet; il attire mon œil et me distrait.

La Vierge, dans l'*Extrême-Onction* de Jouvenet, à Saint-Germain-l'Auxerrois, m'est insupportable. Le sage Poussin, traitant le même sujet, se garde d'introduire un être allégorique; il n'a besoin, pour établir de beaux contrastes, que d'opposer si naturellement la tête d'un enfant, les formes arrondies de la femme qui le porte, au corps

décharné, à la tête livide d'un vieillard ex-
pirant.

L'allégorie n'est supportable en peinture
que quand la scène est dans les cieux ou
dans le pays des fables. Les *Muses* sur le
Parnasse, *Jupiter* au sommet de l'Olympe,
Vénus sortant des eaux entourée de Nymphes et de Tritons, sont des sujets qu'un
peintre peut traiter; mais qu'il se garde, s'il
veut plaire aux bons esprits, de placer la
Renommée, l'*Immortalité*, la *Gloire*, à
côté d'un maire de ville ou d'un prévôt des
marchands; et, si la complaisance ou des
ordres captivent, violentent son génie, plai-
gnons-le de cet esclavage.

Je me laisse aller à des dissertations trop
longues, mais que mon sujet détermine. Revenons au Poussin. On lui reproche d'avoir
négligé le coloris dans ses tableaux: nous
avons vu qu'il craignoit sa magie. Les sujets
graves, majestueux, qu'il a traités commu-
nément, ne lui permettoient pas l'emploi
de couleurs trop brillantes: un trop grand
jour blesse dans certaines dispositions; une
musique vive et légère déchire quand l'ame
est affectée douloureusement. En convenant

que cette partie n'est pas la première de ce grand homme, on ne peut s'empêcher de louer son coloris dans le tableau de *Rebecca recevant du serviteur d'Abraham des pendants d'oreille et des bracelets*; dans celui de *saint François-Xavier*. Il est admirable dans la *Confirmation*, faite pour le cavalier del Pozzo; dans la *Guérison des Aveugles* près de Jéricho. On voit à Rome une *Peste* où le Poussin démontre que, si par principe il n'eût pas terni ses couleurs, elles auroient le mérite qu'on trouve dans celles des Titien et des Rubens. On l'accuse d'avoir trop fidèlement copié l'antique; on prétend que ses contours sont durs et secs. On a quelquefois raison ; mais quel peintre est exempt de reproches?

C'est à l'amour du Poussin pour les Grecs qu'on doit la grandeur, la noblesse qu'on trouve dans ses compositions. Qui connoît en effet l'étonnante perfection de leurs ouvrages sait qu'on ne peut en approcher qu'en les imitant. Le fameux Carle Maratte avoue qu'il a copié plus de trois mille fois la tête de l'Antinoüs, sans réussir à bien imiter son modèle.

Accoutumé aux grandes machines des Mi-

chel-Ange, des Raphaël et des Rubens, on
est surpris de ne voir du Poussin que des
tableaux de chevalet : mais quand on pense
à la misère dans laquelle vécut ce grand
homme, à la nécessité qu'il subit de travailler toujours à la hâte, d'après des proportions données, à la préférence que les
peintres italiens durent naturellement obtenir en Italie sur un étranger dans les travaux publics, on revient de sa surprise. Son
tableau du *Temps arrachant la Vérité à
l'Envie et à la Discorde*, celui dans lequel
il peint *Jésus-Christ communiant les Apôtres*, le *saint François-Xavier des jésuites*,
etc. démontrent qu'il eût peint sur des
champs vastes, s'il eût été servi par les circonstances.

Raphaël et M. de Voltaire ont eu de
grands avantages, l'un sur les écrivains,
l'autre sur les peintres de leur siècle. La
fortune leur permit d'avoir des copistes en
sous - ordre dont le génie peut s'étayer
(Raphaël en envoya, dit-on, jusqu'en
Grèce). Ces deux grands hommes éton-
nent par le nombre de leurs ouvrages, par
l'érudition qu'ils y prodiguent, par la facilité de leurs compositions. Ils ne doivent

cependant décourager personne ; huit ou dix tragédies suffisent à la gloire de Corneille et de Racine ; et le peu de vers de Boileau doivent le conduire à l'immortalité.

Mon enthousiasme et mon respect pour le Poussin ne me déguisent pas quelques défauts qu'on peut lui reprocher. Je n'aime pas la *sainte Vierge* recevant des linges mouillés des mains d'un ange pour essuyer l'enfant Jésus. Le Créateur, porté sur un nuage qui ne semble placé que pour interrompre le vague de l'air, me déplaît dans *le Paradis terrestre.* Quand *David* triomphe de Goliath, je voudrois effacer l'*ange* qui lui met une couronne sur la tête. On ne peut s'empêcher de sourire à l'aspect de cet enfant qui nous démontre qu'il a trop bu de l'eau que *Moïse fait sortir du rocher;* mais cette plaisanterie me paroît déplacée dans un sujet grave et miraculeux.

Qu'*Armide prête à percer le cœur de Renaud* me paroît belle ! mais l'*Amour* arrêtant son bras me semble du plus mauvais goût. S'il est impossible de pouvoir réunir en même temps deux passions sur un même visage,

il faut ne pas traiter le sujet qui l'exige.
Des gens qui jugent légèrement s'écrient :
Rubens, dans la *Naissance de Louis XIII*,
a peint dans les mêmes traits et le plaisir
et la douleur; pourquoi le Poussin n'eût-
il pas placé l'amour et la fureur sur le visage d'Armide? Une légere observation le
justifiera : la sensation de la douleur chez
la reine est exprimée par un affaissement
de chairs et de muscles; le sentiment d'a-
mour maternel est exprimé par un sourire,
par un coup-d'œil intéressant et vif qui contraste avec la langueur du reste du corps :
Rubens a donc produit un double effet en
réunissant instantanément une *sensation* à
un *sentiment*. Mais je crois que la réunion de
deux sentiments, de deux passions de l'ame,
n'aura jamais lieu sur la même tête. La *fureur* qui d'abord possede Armide a tellement tendu ses muscles, que l'amour qui
naît chez elle ne peut qu'en diminuer d'a-
bord la tension : si le peintre eût saisi ce
moment, il n'eût rendu qu'une émotion
mixte entre l'amour et la colere, qui n'eût
rien eu d'assez caractérisé.

Au reste ces légers défauts qu'on reproche au Poussin se trouvent chez les plus

grands maîtres. Raphaël, dans sa *Donation de Constantin*, dans l'acte le plus grave, place au milieu de son tableau, dans un endroit vuide, isolé, un enfant monté sur un chien. Dans l'admirable, dans la céleste composition où ce grand homme peint l'*Amour plaidant aux pieds de Jupiter entouré de la cour céleste*, il met *Cerbere* aux pieds de Pluton. Mais jamais le Poussin ne s'écarte des lois du goût, des règles de la bisnséance et du costume, comme Paul Véronese dans presque tous ses tableaux; comme Michel-Ange, dans son *Jugement dernier;* comme Polydore, qui montre aux yeux les intestins de Caton qui vient de se poignarder; comme Raphaël lui-même, qui transporte le pape Jules II dans son *Héliodore chassé du temple*, qui, malgré la répugnance des Juifs pour toute image, dessine des statues *à la porte de la Belle*, dans *le carton du Paralytique guéri par saint Pierre et saint Jean.*

On trouveroit encore un peu de subtilité dans le tableau où le Poussin *fait danser quatre femmes aux sons de la lyre du Temps.* Le dédain de la Richesse qui touche à peine les doigts de la Pauvreté est

un peu recherché peut-être. Pour exprimer une voix céleste, il fait lever les yeux
à tout un peuple. Ces moyens de la peinture ont quelque chose de vague qu'on de-
vroit éviter. Devineroit-on l'idée du peintre
qui, pour indiquer les réflexions de l'enfant Jésus sur sa passion future, en es-
quisse les instruments sur un vase qu'il
place à ses pieds?

Je ne décrirai pas chacun des tableaux
du Poussin; je tâcherai de les indiquer,
d'en rappeler le souvenir à ceux qui les
connoissent: quelque exacte que fût ma
description, je ne pourrois en donner une
idée complète à ceux qui ne les connoissent pas. Qu'on en juge par *les Entretiens
sur la vie des peintres*. Félibien n'a fait
qu'y transcrire l'idée que le Brun et ce
qu'il y avoit de plus instruit à l'académie
donnoient des tableaux des grands maîtres;
et son exposition est froide, inanimée, in-
intelligible.

Je prétends démontrer, par la galerie que
je vais faire parcourir, que le Poussin, propre
à tous les genres, est dans chaque partie
l'égal des Michel-Ange et des Raphaël, et
que, dans la partie du génie, de l'imagi-

nation, dans la partie poétique d'un tableau, il est peut-être supérieur à ces grands hommes. Pour appuyer ces assertions d'une manière aussi raccourcie que les bornes que je me suis prescrites le permettent, je n'oppose à tous les chefs-d'œuvre anciens et modernes que quelques morceaux dont je vais donner une idée.

Je commence par le *Déluge*. Quel homme, en voyant ce tableau, ne frémit pas d'horreur, ne se sent pas saisi d'un frisson glacial? On ne peut juger de la vérité de son coloris verdâtre et sombre que quand on a assisté soi-même à ces révolutions affreuses dont la nature est heureusement avare. Qui n'entend pas siffler ce serpent, cause première de ce désastre affreux? Quelques arbres fracassés, deux ou trois hommes luttant avec foiblesse contre la mort, fixent l'œil un moment.... Tout se détruit, tout s'anéantit, tout s'affaisse, tout disparoît ; c'est la cessation de tout être. D'autres maîtres ont représenté des inondations : le Poussin seul a peint le déluge. A ce terrible aspect succède la vue consolante de l'arche sainte, image de l'espérance qui ne meurt jamais entièrement dans le cœur de l'homme. Tout est grand, tout est vrai dans cette composition; mais l'idée du serpent, qui me rappelle et la chûte de nos premiers parents, et le péché qui nous perdit, me paroît sublime.

Les peintres et les poëtes ont-ils voulu nous montrer l'étonnant effet des chants d'Orphée? à sa voix les chênes s'agitent, les vents s'appaisent, le tigre et le lion perdent leur férocité, les rochers sont sensibles, et leurs cimes s'ébranlent: idées gigantesques que l'imagination supporte, mais que l'œil d'un homme de goût ne peut souffrir dans un tableau.

Le Poussin peint Orphée tenant sa lyre; il est assis sur un rocher, près de lui coule un fleuve: la majesté du paysage répond à la grandeur de son sujet; des hommes, des enfants, des vieillards, de jeunes amants auprès de leurs amantes, l'écoutent. Quelle variété dans le caractère de leur attention! quel silence règne au milieu d'eux! Dans ce moment, Eurydice, sur le bord du fleuve, est mordue d'un serpent; elle tombe: un jeune homme la voit, étend sa robe, la cache avec inquiétude; il craint qu'à cet aspect Orphée n'interrompe ses chansons immor-

telles. L'ardente curiosité, le charme inex-
primable de sa musique et de sa poésie,
triomphent de la nature et de l'humanité.

Lisez Anacréon, et Catulle, et Chaulieu,
tous les poëtes érotiques ; ils ont senti que
l'idée d'une mort éloignée communique à
l'ame, au milieu des plaisirs, une douce
mélancolie, un sentiment d'inquiétude qui
donne plus de prix aux doux objets dont
nous craignons la perte ; leurs œuvres sont
remplies de ces rapprochements. Où les voit-
on plus délicatement placés, plus ingénieusement imaginés, plus simplement expri-
més, que dans l'*Arcadie* du Poussin ?

Auprès d'un vieux tombeau, dans un
bois solitaire, deux jeunes amants écoutent
la lecture d'une inscription que déchiffre
avec peine un vieillard ; il lit, ET IN ARCADIA
EGO : *Ah ! je vécus aussi dans l'Arcadie.*
Ces mots donnent aux visages du berger
et de sa maîtresse une teinte de langueur
que le Poussin seul pouvoit saisir, et prête
à l'imagination ce que la poésie la plus
subtile ne pourroit peut-être pas décrire.

Je parle avec timidité des grands ouvrages
du Poussin : ils sont si connus, la plume de

tant d'écrivains estimables s'est exercée sur eux, que, s'il m'étoit permis de le faire, je renverrois mes lecteurs aux originaux; je les engagerois à lire les dissertations savantes dont ils ont été l'objet.

Quelles expressions trouver en effet pour célébrer dignement ses *Sacrements*, pour donner une idée de *l'Extrême - Onction*, des différentes impressions de désespoir répandues sur toutes les têtes, dans toutes les attitudes? Comment décrire le mélange de douleur et de respect religieux qui se répand dans ce sublime ouvrage? Que dire de la piété de ces vierges qu'on mène à *la confirmation*, de la gaieté céleste qui règne dans le tableau du *Mariage?* L'architecture sévère, analogue aux cérémonies augustes de la religion que le Poussin emploie dans les six autres sujets, change dans celui-ci, se décore des ornements de l'ordre corynthien, et des festons de fleurs parent le fond du temple.

On demande souvent aux voyageurs si *les Sacrements* qu'on voit à Rome sont préférables à ceux du palais d'Orléans. C'est une question vague à laquelle on ne doit pas ré-

pondre. Ces sublimes compositions ont des
variétés, des avantages, de légères imper-
fections qui se balancent également : que
les peintres les étudient, les jugent, et que
le peuple les respecte et se taise. On reproche
aux *Sacrements* de Rome d'être mal coloriés,
l'exécution n'en paroît pas facile : mais la
finesse des pensées, la beauté de l'expression, les dédommagent de ce qu'ils pourroient perdre d'ailleurs, s'ils étoient rappro-
chés de ceux qu'on voit en France.

Un des plus beaux ouvrages du Poussin est
l'*Enlèvement de Pyrrhus enfant.* Comme
tout marche dans ce tableau ! que cet enfant paroît cher et précieux à ceux qui le
portent, à ceux qui le défendent ! quelle
beauté d'attitude dans les esclaves qui lan-
cent des flèches pour annoncer aux habitants
du rivage opposé quel est celui qu'on doit
exposer sur les flots ! On desireroit peut-être
que le moyen de cette exposition fût mieux exprimé pour le peuple, qui sait peu l'histoire.
Le site de ce tableau, l'architecture qui le
décore, sont du genre le plus noble.

Le *Dieu* de Michel-Ange et de Raphaël
n'est pas sublime comme *Moïse* quand il

fait retomber sur l'armée de Pharaon les eaux de la mer Rouge. Je n'aime pas dans ce tableau l'épisode des Juifs qui sont entraînés par l'avarice, et dépouillent quelques Égyptiens : la grandeur du miracle doit suspendre toute faculté, anéantir toute passion, et ne permettre que des élans, des hymnes d'actions de graces.

Que de choses on admire dans le tableau de *la Manne!* que de grouppes intéressants! quelle sécheresse dans le désert! comme ces corps épars étendus sur la terre peignent la foiblesse des Israélites quand le ciel répandit sur eux cette sainte rosée! quel relâchement dans les muscles et dans les chairs de ces malheureuses victimes de la faim! on y reconnoît une douzaine de statues antiques que le génie sut approprier à son sujet; le Laocoon, Niobé, le Sénèque, l'Antinoüs, etc. Dans l'examen qui fut fait de ce bel ouvrage à l'académie de peinture, le Brun se permit une réflexion glaciale, que je rapporte à regret : « Cette jeune fille, « dit-il, qui regarde en haut et tend sa robe, « exprime la délicatesse et l'humeur dédai- « gneuse de ce sexe, qui croit que toute

4

« chose lui doit arriver à souhait : c'est
« pour cela qu'elle ne prend pas la peine de
« se baisser pour recueillir la manne, mais
« elle la reçoit du ciel comme s'il ne la ré-
« pandoit que pour elle ». Est-ce à côté de
ce beau grouppe où la femme la plus tendre arrache à son fils en pleurant le sein
qu'elle offre à sa mère expirante, est-ce à
côté d'un trait sublime de piété, de charité,
que le Poussin eût voulu placer cette glaciale épigramme? La *jeune fille* à laquelle
le Brun prête un sentiment dédaigneux
fixe le ciel avec reconnoissance, et reçoit
ses présents dans une attitude simple et ré-
servée, dans un repos conforme à la modestie de son sexe. La peinture, je l'ai déja
dit, a malheureusement quelque chose d'indéterminé qui souvent rend son langage
obscur.....

Esprit, graces, gaieté, tout se rencontre
dans les tableaux du Poussin. Voyez *Vénus
donnant des armes à son fils, Vénus sortant de l'onde, l'Empire de Flore, les
Nymphes dansant au son de la lyre du
Temps, les Goûts divers,* trahit sua quem-
que voluptas, *les Bacchanales,* etc.

Tous les paysages de ce grand homme ont un caractère de majesté qui leur est propre: toujours simple, il ne s'amuse pas à rechercher, à rassembler de petits effets de lumière, à tracer de petits jets d'eau, de petites cascades; toutes les richesses de l'architecture égyptienne et grecque, toutes les beautés tranquilles et sublimes de la nature, sont dans ses tableaux. Toujours un *épisode* intéressant y parle à l'ame, indique la sensation que le spectateur doit éprouver; c'est Diogène aux environs d'Athènes, brisant une tasse inutile, à l'aspect d'un jeune homme qui boit dans le creux de sa main; c'est, au milieu des ruines et des ravages du temps, saint Jean écrivant l'évangile; c'est un vieillard sous un arbre touffu se livrant à des réflexions philosophiques, après avoir suspendu les armes et la lyre de sa jeunesse à l'arbre qui lui prête son ombre.

Qui ne voudroit errer dans les détours du paradis terrestre, se reposer sur les bords du lac tranquille et transparent qui l'embellit? Qui ne se transporte avec délices dans ce temps du bonheur et de l'innocence qui fait verser de douces larmes à tout être sensible, et dont toute ame honnête et délicate cherche à se rapprocher ? temps que l'imagination embellit de tous ses charmes, temps que Moïse, Milton et le Poussin étoient seuls dignes de célébrer !

L'homme que tout abandonne dans la nature, que trahit un ami, que quitte une maîtresse, le courtisan disgracié, s'il n'a pas perdu dans l'intrigue tout son courage et toute son énergie, aiment à s'enfoncer dans ces vastes et tranquilles solitudes où le Poussin nous fait asseoir sur des décombres, sur des statues brisées, sur un vieux tronc brûlé par les orages, où tout apprend qu'il faut périr, où l'homme, environné de ce vaste cortège, marche sans regrets au tombeau.

Veut-il remuer chez nous les grands ressorts de la terreur et de la pitié ? voyez dans ce lieu sombre, humide et mousseux, près de cette eau bourbeuse et noirâtre, de cet antre dont il ne peut sortir que des vapeurs pestilentielles ou des monstres, voyez, dis-je, cet infortuné qu'un serpent déchire ; voyez son compagnon qui fuit épouvanté ; entendez le cri qui se répète dans la campagne, et que rendent tous les échos. Voyez ailleurs ce malheureux renversé par la foudre : le feu du ciel consume un chêne respectable ; l'obscurité des airs est traversée par un trait lumineux qui laisse appercevoir tous les ravages du vent, des torrents et de la foudre.

Le Poussin nous repose de ces scènes terribles ; il présente à nos yeux une *sainte Famille*, tantôt sur le parvis d'un temple magnifique, tantôt sous une chaumière que, par un contraste poétique, il appuie sur les ruines d'un ancien temple renversé. Ses *Vierges* n'ont pas la finesse de celles de Raphaël, les graces que le Corrège leur prête ; elles ont un caractère de noblesse et de majesté, une beauté sévère, plus convenable peut-être à la mère d'un Dieu.

Enfin l'imagination s'éteint, l'esprit se fatigue. J'ai sous les yeux une foule de chefs-d'œuvre, j'ai déja passé les bornes que je m'étois prescrites : je n'ai rien dit du *Rocher frappé par Moïse*, sujet deux fois traité, deux fois d'une manière sublime ; et de *la peste des Philistins*, où l'on voit l'épisode intéressant d'un homme arrachant un en-

fant-au sein de sa mère qui vient d'expirer ;
du *Testament d'Eudamidas*, du *Jugement
de Salomon*, de l'*Evanouissement de la
belle Esther*, de cette grande composition
où les *différents poètes paroissent à la cour
d'Apollon*. C'est, en faisant l'éloge de Racine, oublier sa Phèdre et son Iphigénie.

F I N.

NOTES.

J'AI parlé, mais avec peu de détails, du sublime tableau de *la Manne*. Chaque épisode, chaque grouppe, chaque personnage exigeroit une description particulière. Tous les sentiments, toutes les positions de l'homme affaissé par le besoin, ranimé par l'espoir, soulagé par la charité, s'y trouvent peints comme ils le seroient dans Virgile... Je dis Virgile, car Homère n'a pas la correction, la sagesse qui se trouvent dans ce poème, quoiqu'il en ait souvent la grandeur et l'enthousiasme.

S'il falloit le décrire, Aaron et Moïse attireroient d'abord les yeux. Aristote et Platon, dans le tableau de Raphaël, dans l'*École d'Athènes*, n'ont ni la majesté ni la grandeur qu'on trouve dans les chefs de la nation judaïque... « Ce n'est « pas à moi, c'est au Dieu du ciel, c'est au Dieu « des armées, qu'il faut adresser vos hommages », dit Moïse à ceux qui s'humilient, que la reconnoissance précipite à ses pieds. —Aaron est tout entier au ciel, dont il est ici-bas le grand-prêtre : il ne se rapproche pas, comme Moïse, d'un peuple qu'il conduit moins directement que son frère ; mais le grouppe de cette femme donnant son sein à sa mère expirante, repoussant son fils qui gémit, qui pleure de jalousie, est le plus expressif, le plus vrai, le plus noble de tous les grouppes produits par la peinture, par la sculpture, chez les anciens comme chez les modernes.

Le *Laocoon* est moins bien conçu, n'est pas mieux dessiné. Si je voulois indiquer à la postérité le plus haut point de perfection où se soit élevée la peinture moderne, je lui conserverois cet œuvre inimitable. — Sublimité du paysage, détails admirables, tout disparoît.... C'est l'éclat du diamant qui fait pâlir et les saphirs et les topazes qui l'entourent.

Les Aveugles de Jéricho.

Deux aveugles à genoux, pleins de confiance, s'élancent vers la guérison qu'ils attendent du Fils de Dieu. Jésus-Christ touche celui qu'il trouve sous sa main : simplicité dans son action, gravité dans son attitude. Le doute, la curiosité sont dans les mouvements, dans la physionomie du vieillard qui se courbe, s'avance, et cherche à se convaincre de la vérité du miracle. Le reste des spectateurs se lie à ce beau grouppe. — Quel à-plomb, quel caractère de sécurité, quel calme chez les apôtres ! ils sont accoutumés aux prodiges de leur maître... Étonnement chez quelques Juifs. Une femme svelte, portant son enfant sur les bras, ne me paroît pas déplacée dans une scène de charité. — Le théâtre de cette action est du genre le plus sévère et le plus grand : c'est un superbe paysage.

des palais d'un beau style montent en amphi-
théâtre sur le dos d'un rocher qui s'élève jusqu'aux
nuages; le sommet du rocher, dominé par des
ruines, se dessine, se détache, fuit, s'arrondit
sur un ciel bleu, coupé de nuages jaunâtres; de
larges bouquets d'arbres disposés avec intelligence détruisent l'uniformité des lignes de l'architecture: on distingue à peine des pâtres, quelques
personnages tranquilles sur les rivages tortueux
d'un fleuve qui baigne les murs d'un village au
pied de montagnes bleuâtres.

Quelle harmonie dans les couleurs de ce tableau! Les beaux airs de tête! — Noblesse dans
les draperies. — Guerre, combat, ambition, tu-
multe, toutes les passions s'éloignent de ce site;
tout est repos dans cette scène.

Jacob et les filles de Laban.

Soumis aux règles, à la vérité, aux costumes,
en offrant ici la nature belle de paysage et de
verdure, le Poussin sait en écarter le luxe de l'architecture et la richesse de bâtiments qu'on voit
dans ses autres tableaux. Les fabriques patriar-
chales et simples du siècle de Jacob sont répandues
sur des collines qui se croisent dans le lointain.

Treize filles jolies, bien faites, diversement
grouppées auprès d'un puits, sont sous les yeux
du jeune Jacob: une d'elles fixe ses regards; la
broderie d'or du léger vêtement qui couvre sa

tunique la distingue moins que l'air de douceur,
de modestie et de délicatesse, répandu dans toute
sa personne. Un sentiment imperceptible de jalousie se manifeste chez les compagnes de Rachel
à l'aspect de la préférence qu'on paroît lui donner et des présents qu'on lui destine. Quelle variété dans ces têtes, dans ces attitudes si fière-
ment dessinées! Harmonie de couleurs, exactitude de costume, délicieux paysage, tranquille,
reposé, doux comme les beaux jours de l'âge d'or.
Les ornements particuliers ne sont pas même né-
gligés, et les vases les plus communs sont d'une
forme pure, élégante et facile.

On parle peu d'une des plus singulières et des
plus sublimes compositions du Poussin, du *Mas-
sacre des Innocents*, qu'on voit à Rome dans le
palais Justiniani. Trois personnages seulement
remplissent le champ du tableau... Tous les épisodes entassés dans les compositions qui traitent
le même sujet ne produisent pas l'effet de cette
scène unique, chef-d'œuvre de simplicité, d'expression, de dessin, de disposition.

Dans quel ouvrage du Poussin trouve-t-on un
grouppe, un personnage inutile?

On sait que le superbe *S. Jérôme* fut relégué
dans un grenier, comme indigne de parer l'autel
pour lequel il avoit été fait. Le Dominiquain fut

désolé du procédé des moines qui traitoient ainsi son chef-d'œuvre. Long-temps après cet acte de brutalité, il alla visiter son tableau, et fut surpris de trouver un jeune homme qui le copioit avec amour : ce jeune homme étoit le Poussin. Le Dominiquain, attendri, consolé, promit les plus heureux succès à l'élève assez connoisseur pour n'avoir pas été rebuté par les critiques généralement répandues sur le plus beau de ses ouvrages.

On lit (mais il m'est impossible de citer le rapporteur de ce fait), on lit que le Poussin préféroit le *S. Jérôme* du Dominiquain au fameux tableau de la *Transfiguration*.

Je crains qu'on ne donne une extension condamnable à ce que j'ai dit des peintres flamands : je n'ai voulu parler que des sujets d'histoire. Qui n'applaudit avec raison à l'incroyable vérité de ces peintres, aux scènes de naïveté, de simplicité, d'abandon, qui se trouvent dans leurs ouvrages! — Quel fini! quelle perfection! quels délicieux paysages! Nulle description ne nous feroit connoître les mœurs flamandes comme les tableaux de Teniers, etc. etc.

Une des plus brillantes idées, des plus ingénieusement développées, est celle du pere Castel : ses lettres à Montesquieu sur un clavecin de couleurs établissent une multitude de rapports que peu d'hommes avoient saisis. Il avoit été devancé par le Poussin, dont il n'a fait peut-être que commenter les apperçus. La gloire d'une des conceptions les plus originales du dernier siècle appartiendroit donc au Poussin, dont le génie ardent, étendu, avoit quelques rapports avec celui de l'universel Léonard de Vinci.

Une pâte de verre antique, tirée du cabinet du duc de Dévonshire, et portant le nom de Dioscoride, ΔΙΟΣΚΟΡΙΔΟΥ, représente Diomède assis sur un autel, le Palladium à la main ; la prêtresse qui le gardoit est morte à ses pieds. — Minerve, sur une colonne, lui tourne le dos, comme elle le fit, dit-on, pour n'être pas témoin de ce sacrilège. (*Strab. lib.* 6 , *p.* 264.) C'est ainsi que la statue de Junon ne voulut pas voir les Sybarites secouant le joug de la tyrannie de Thélis massacrant au pied de ses autels tous ceux qui avoient eu quelque part à son gouvernement. (*Athen. Dipn. lib.* 2.)

Le Poussin, par une licence hardie, dans un dessin du cabinet Albani, a peint Minerve se couvrant la tête de son bouclier pour ne pas appercevoir l'horrible assassinat des enfants de Médée.

Il existe à Rome une espèce de balayeurs d'antiquités, qui ne vuident leurs magasins qu'à l'arrivée de quelque jeune Anglois guidé par un gouverneur autrichien.

Un Anglois se présente chez un de ces brocanteurs (qui d'ailleurs vendoit du café pour vivre), et lui demande quelques tableaux... D'histoire ? — Non. — Des portraits ? — Non. — Des paysages ? — Oui , et des meilleurs... Mon ami , dit le cafetier à son garçon, monte au grenier, descends-moi une douzaine de tableaux que tu prendras dans la pile des Poussins... Dans la pile des Poussins ! On sait combien sont rares les tableaux de ce grand homme. Il en vendit pour 10,000 francs.

Le Poussin disoit du Caravage qu'il étoit venu au monde pour détruire la peinture.

Il avoit rassemblé des matériaux, et se promettoit de donner un Traité sur la peinture. Qu'il est malheureux que cet ouvrage n'ait pas été terminé!

On l'a nommé le peintre des gens d'esprit : on pourroit , dit Debure, l'appeler le peintre des savants.

C'est sur les gravures dépouillées de tout charlatanisme qu'il faut juger les compositions du Poussin. — Son œuvre gravé est de plus de trois cents pièces : Pesne, Cl. Stella , Cl. Mellan , G. Audran, C. Bloemart, Chauveau, Picart le Romain, Lepautre, J. Audran , sont les graveurs qui l'ont le mieux traduit.

On s'est plaint d'un catalogue qui se débite ou se débitoit au sallon; on a prétendu qu'il étoit contraire aux principes du moment d'employer les noms de Père éternel, de Fils de Dieu, de Vierge Marie, etc. Sans justifier les motifs que l'on prête à l'auteur de ce catalogue, j'observe qu'il est impossible de décrire un tableau pris dans l'ancien et sur-tout dans le nouveau Testament, sans employer les expressions qui leur appartiennent, sans prêter aux spectateurs les idées mystiques religieuses dont le peintre étoit animé dans la composition de son ouvrage. Parlerez-vous froidement de l'extase de S. François recevant les stigmates, du dévouement de S. Jean, des Maries ? On n'est pas plus catholique en dépeignant les superstitions des catholiques qu'on est païen en décrivant les aventures de Vénus, de Psyché, et toutes les fables du paganisme. On se prête momentanément à l'émotion que le peintre a voulu déterminer ; on se sert des expressions que cette émotion fait naître. Quand Crébillon décrivoit les fureurs, les vengeances d'Atrée et de Thyeste, participoit-il à leurs transports?...